Gabriele Altpeter

Augen auf beim Küchenkauf:
Ein Erfahrungsbericht

Über die Autorin

Schon seit einigen Jahren betreibt Gabriele Altpeter kochfokus.de und kochfokus.com, Kochwebseiten in deutscher und englischer Sprache. Dort präsentiert sie liebevoll gestaltete Rezepte und Ratschläge.

Sie hat an der Carolo Wilhelmina-Universität in Braunschweig, ihrer Geburts- und Heimatstadt, studiert, ist seit über 25 Jahren glücklich verheiratet und Mutter zweier Söhne. Neben dem Kochen und Backen ist sie auch am Lesen und am Sport interessiert und geht gerne mit ihrer Golden Retrieverin laufen.

Die Autorin kontaktieren

https://facebook.com/gabi.altpeter
http://gplus.to/gabialtpeter

gabi@somepublisher.de

Gabriele Altpeter

Augen auf beim Küchenkauf: Ein Erfahrungsbericht

SomePublisher

Bibliografische Information der Deutschen Nationalbibliothek
Die Deutsche Nationalbibliothek verzeichnet diese Publikation in der
Deutschen Nationalbibliografie; detaillierte bibliografische Daten sind im
Internet über http://dnb.dnb.de abrufbar.

1. Auflage (Mai 2015)
Gesetzt in Adobe Garamond Pro, 11 pt

Dieses Buch ist in verschiedenen Versionen verfügbar:
ISBN 978-3-945748-03-9 (Taschenbuch)
ISBN 978-3-945748-04-6 (Gebundene Ausgabe)
ISBN 978-3-945748-05-3 (eBook)

Layout und Satz: Benjamin Altpeter
Umschlaggestaltung: Philip McIvor
Lektorat: Christel und Jens Milbradt

SomePublisher ist ein Imprint von
Gabriele Altpeter, Internet Marketing-Services
Schreinerweg 6
D-38126 Braunschweig

somepublisher@gabriele-altpeter.im
somepublisher.de

Inhaltsverzeichnis

1. Vorwort

Liebe Leserin, lieber Leser,

schön, dass Sie sich Zeit nehmen, meinen Erfahrungsbericht „Augen auf beim Küchenkauf" zu lesen.

Als mein Mann und ich den Kauf einer neuen Küche guten Mutes angingen, haben wir nicht geahnt, was dabei alles schiefgehen kann.

Weil bei uns viele unerwartete Probleme auftraten, habe ich mich unter anderem gefragt, wie es nur dazu kommen konnte, dass wir so schnell einen Kaufvertrag unterzeichnet haben. Ich habe mir daraufhin die Zeit genommen, die Abläufe des Verkaufsgesprächs chronologisch festzuhalten.

Während des Protokollierens ist mir an einigen Stellen aufgefallen, dass wir in die eine oder andere Falle getappt sind, die wir mit etwas besserer Vorbereitung hätten vermeiden können. Gemeint sind hier die Verkaufsstrategien der Verkäuferinnen und Verkäufer, die man vorab kennen sollte, um ihnen nicht hilflos ausgesetzt zu sein. Um diese Abläufe für Sie, liebe Leserin, lieber Leser anschaulicher zu gestalten, habe ich diese Textpassagen so wie hier abgesetzt. Ebenso auch die juristisch relevanten Absätze.

Als ich einigen von unseren Freunden und Bekannten unsere Geschichte erzählte und auch über meine daraus gewonnenen Erkenntnisse berichtete, wurde ich gebeten, alles niederzuschreiben und anderen meine Erfahrungen auf diese Weise zur Verfügung zu stellen. So kam es, dass aus einem Protokoll ein Erfahrungsbericht wurde.

Sollte es bei Ihnen so sein, dass bei Ihren Käufen bisher alles gut und reibungslos verlaufen ist, dann kann ich Sie nur beglückwünschen. Ist dem jedoch nicht so, dann könnte der ein oder andere Tipp für Sie vielleicht nützlich sein und Sie sollten weiterlesen.

Der Umfang dieses Buches kann keine juristische Beratung ersetzen. Im Zweifelsfall sollte stets ein Rechtsanwalt konsultiert werden.

Ich wünsche Ihnen viel Spaß sowie einen möglichst großen Erkenntnisgewinn beim Lesen dieses Erfahrungsberichtes und natürlich viel Erfolg bei Ihren eigenen größeren Investitionen.

Herzliche Grüße

Gabriele Altpeter

2. Einleitung

Es war ein grauer Novembertag, draußen war es nasskalt und ich wollte meinen Mann und meine beiden Söhne mit einem Apfelkuchen überraschen. Also vermengte ich die notwendigen Zutaten miteinander und füllte den Teig in die Kuchenform. Nun noch schnell die Äpfel obendrauf und dann ab in den Ofen. In froher Erwartung eines frisch gebackenen Kuchens stellte ich den Kurzzeitwecker auf die im Rezept angegebene Backzeit und erfreute mich schon am leckeren Duft, der sich mehr und mehr in meiner Küche ausbreitete. Endlich klingelte der Kurzzeitwecker und ich musste den Kuchen nur noch aus dem Ofen nehmen, aber was war das? Der Kuchen war nur teilweise richtig durchgebacken. Auch ein erneutes Nachbacken brachte nicht den erwünschten Erfolg. Der Kuchen war nicht wie gewohnt gut durchgebacken, sondern nur teilweise genießbar. Nun quittierte mein etwa 12 Jahre alter Backofen doch so langsam aber sicher seinen Dienst.

Nachdem ich meine Küche etwas eingehender betrachtet hatte, musste ich zugeben, dass der „Zahn der Zeit" nicht nur am Backofen, sondern auch an den nicht weniger alten Küchenmöbeln recht ordentlich genagt hatte. Es sprach eigentlich nichts dagegen, die ganze Küche zu erneuern.

Einige Tage später waren mein Mann und ich bei meiner Schwester zu Besuch. Diese zeigte uns stolz ihre neue Küche. Sie berichtete, dass sie vertraglich ein „All-inclusive-Paket" abgeschlossen habe und die Demontage der alten Küche sowie die Montage der neuen Küche reibungslos innerhalb von zwei Tagen über die Bühne gegangen seien. Das Ergebnis überzeugte meinen Mann und mich, sodass wir beschlossen, uns auch genau in diesem Küchenstudio nach einer Küche umzuschauen, in dem meine Schwester so gut bedient wurde. Schließlich kann man doch keine bessere Visitenkarte hinterlassen als dieser Küchenanbieter es hier getan hatte.

Wenn ich damals auch nur den Hauch einer Ahnung dessen gehabt hätte, was uns erwartete, ich hätte einen großen Bogen um dieses Küchenstudio gemacht.

Doch lesen Sie selbst …

3. Wir schauen nur ganz unverbindlich herein

Ein paar Tage später setzten wir unser Vorhaben in die Tat um. Also machten wir uns zunächst auf den Weg, um nur ganz unverbindlich in dem besagten Geschäft hereinzuschauen.

Gleich im Eingangsbereich wurden wir von einer Vielfalt an Angebotsschildern zum Staunen gebracht und starteten unseren Rundgang in froher Erwartung einer preislich attraktiven Küche. Wir wurden auch ganz schnell fündig und trauten unseren Augen kaum, denn bei der ausgestellten Küche stimmten nicht nur die Möbel, sondern auch der Preis, der auf dem großen Angebotsschild stand. Daraufhin ließen wir uns von einem Mitarbeiter des Küchenstudios die von uns auserkorene Küche etwas genauer vorstellen. Wir wollten natürlich wissen, was alles im Preis inbegriffen ist. Erneut staunten wir, denn der Mitarbeiter teilte uns ganz unverblümt mit, dass dieses Schild selbstverständlich gar nicht zu der aufgebauten Küche gehöre.

An dieser Stelle, liebe Leserin, lieber Leser, sollte der Kunde auf dem Absatz kehrt machen und dieses Geschäft ganz schnell wieder verlassen, denn man muss sich schon fragen, wieso hier Schilder herumhängen, die überhaupt nicht zur ausgestellten Ware gehören. Ist ein solcher Küchenanbieter wirklich als seriös zu bezeichnen?

Leider spielt der Mensch ein wenig verrückt, sobald die Vernunft der Emotion Platz macht. Wir hatten uns schon ein wenig in die ausgestellte Küche „verguckt" und hörten uns deshalb die fadenscheinigen Gründe für den Schilderunfug an. Diese Gründe waren offensichtlich so unsinnig, dass ich sie nicht einmal behalten habe und somit hier auch nicht annähernd wiedergeben kann.

Nun hatte der Mitarbeiter jedoch leichtes Spiel mit uns, denn wir überließen ihm mit unserer Geduld auch dummerweise die Oberhand über dieses Gespräch. So wurde auch ganz schnell aus dem unverbindlichen Hereinschauen ein verbindliches Wiederkommen. Diese Firmen arbeiten nämlich mitunter wie folgt: Man informiert Sie darüber, dass man selbstverständlich sehr viele Kunden zu betreuen habe und schließlich eine Küchenplanung Stunden in Anspruch nehme, sodass man Kunden natürlich nicht sofort beraten könne. Also schlägt man Ihnen einen Termin vor. Schon hat die Unverbindlichkeit des „nur Hereinschauens" hier der Verbindlichkeit eines Termins Platz gemacht.

Schlauer wäre es an dieser Stelle zu sagen, dass man ja zunächst nicht gleich eine gesamte Küche planen möchte. Hier sollte man dem Verkäufer nicht die Oberhand über den weiteren Gesprächsverlauf geben, sondern ihn ruhig erst einmal den Preis für die ausgestellte Küche berechnen lassen. Schließlich stimmte in unserem Beispiel der ausgeschilderte Preis nicht. Kommt er wieder mit dem Argument, dass er dafür im Moment keine Zeit hat, kann der Kunde getrost davon ausgehen, dass seine Wünsche in diesem Studio nicht berücksichtigt werden. Auch in diesem Fall sollte man dieses Geschäft besser sofort wieder verlassen.

Wir stimmten jedoch dem vorgeschlagenen Termin zu, denn unser Backofen gab ja schließlich so langsam seinen Geist auf und wir wollten deshalb das Küchenproblem auch möglichst bald erledigen.

Als wir das Geschäft verließen, wollten wir uns noch bei einem anderen Küchenanbieter unverbindlich informieren. Dieser arbeitete allerdings nicht an jedem Wochentag und so standen wir vor verschlossenen Türen. Dies war für uns ein Ausschlusskriterium. Auch ein weiteres Geschäft hatte so schlechte Öffnungszeiten, dass es für berufstätige Menschen kaum möglich ist, sich dort in Ruhe nach einer Küche umzuschauen.

4. Die neue Küche wird geplant

Unser Berater bestellte uns gleich früh an einem Samstagmorgen in das Küchenstudio. Zur Begrüßung betonte er sofort, dass er gleich nach unserem Termin einen weiteren Beratungstermin habe. Es sei also Eile geboten.

Dieses Drängen sollte man sich nicht gefallen lassen, denn es ist doch bei einer größeren Investition eigentlich selbstverständlich, dass man sich bei der Beratung für Sie als Kunden Zeit nimmt. Das stellt man sich als Kunde zumindest so vor. An dieser Stelle hätten wir unsere Höflichkeit vergessen und unser Unverständnis äußern sollen. Schließlich haben wir uns Zeit genommen und sind noch einmal in das Küchenstudio gekommen, ohne dass der Verkäufer bisher auch nur eine Gegenleistung erbracht hat. Das Gegenteil war der Fall. Der Aufwand lag bis dahin auf unserer Seite, denn wir hatten in der Zwischenzeit unsere Küche vermessen, einen Grundriss erstellt und zudem Zeit und Weg ein zweites Mal in Kauf genommen.

Seitens des Küchenstudios nutzt man hier ein psychologisches Phänomen aus, denn wir fühlen uns alle in der Regel verpflichtet, Termine einzuhalten. Man kann doch schließlich nicht einfach gehen, oder?

Unser Pflichtgefühl und unsere Höflichkeit sorgten dafür, dass wir die Eile schweigend in Kauf nahmen. Außerdem ist unser Raum für die Küche recht klein. Warum sollte es also nicht möglich sein, die Küche zügig zu planen?

Nun folgte die Frage, wie teuer die Küche werden dürfe. Wir nannten die Preisspanne und unser Berater versicherte uns, dass er den von uns genannten preislichen Rahmen bei der Planung berücksichtigen wolle und alles daran setze, ihn auch nicht zu überschreiten.

Bevor die Planung begann, bot der Berater uns einen Kaffee an. Ob Sie es glauben oder nicht, mit dem Servieren dieses Getränkes läutete bei ihm wie auf Bestellung das Telefon und eine sehr zufriedene Kundin bedankte sich für die außerordentlich gute Beratung und die sehr gute Ausführung bei der Montage ihrer Küche.

Dieses Telefonat erfolgte für mein Empfinden zu offensichtlich auf Bestellung, denn trotz der Eile nahm sich der Berater viel Zeit und wiederholte sehr häufig die von der „Kundin" gewählten Lobeshymnen. Um den Kaffee zu holen, musste der Berater an den Empfangsdamen des Hauses vorbeigehen. Die Damen nehmen auch Telefongespräche entgegen. Zufälligerweise telefonierte eine der Damen, während ich meinen Kaffee trank und unser Berater mit der sehr zufriedenen Kundin am Telefon sprach. Interessanterweise war auch das Telefonat am Empfang beendet, als unser Berater den Hörer auflegte.

Psychologisch gesehen passiert hier schon einiges. Der gerade noch unhöflich wirkende Verkaufsberater wechselte sein Verhalten und wirkte nun zuvorkommend. Außerdem verbirgt sich in dieser kleinen Geste bereits eine geschickte Verkaufsstrategie, die sich das psychologische Phänomen der sogenannten Reziprozität zu Nutze macht. Dies lässt sich eigentlich ganz einfach mit dem menschlichen Grundsatz „Wie Du mir, so ich Dir" erklären. Begegnet uns jemand freundlich und zuvorkommend, so möchten wir uns genauso verhalten. Hier geht es noch weiter, denn wir bekommen ein Getränk auf Kosten des Hauses. Wir erhielten damit ein kleines Geschenk. Wenn Sie etwas geschenkt bekommen, wirkt sich dies psychologisch gesehen so aus, dass Sie nun in der Schuld des Gebers stehen. Der Autor Rolf Dobelli schreibt dazu:

„The psychologist Robert Cialdini has studied the phenomenon of reciprocity and has established that people have extreme difficulty being in another person's debt."[1]

Übersetzt heißt dies, dass der Psychologe Robert Caldini bei seinen Studien bezüglich des Phänomens der Reziprozität herausgefunden hat, dass wir Menschen es schwer aushalten, in der Schuld eines anderen Menschen zu stehen. Sie denken jetzt sicherlich: „Es war doch nur eine Tasse Kaffee". Doch täuschen Sie sich nicht, dieses Phänomen wirkt bei jeder noch so kleinen Gefälligkeit. Sie haben doch sicherlich auch schon das ein oder andere Stück Wurst in einem Supermarkt gekostet und gekauft, obwohl Sie nicht hundertprozentig vom Geschmack überzeugt waren, oder? Wenn es bei Ihnen nicht die Wurst war, dann vielleicht die Testversion einer kostenpflichtigen Software. Die Kette an Beispielen lässt sich hier beliebig fortsetzen. Genau darum geht es bei dieser Strategie. Das funktioniert übrigens auch sehr gut zur Weihnachtszeit und bei den in dieser Zeit häufig verschickten Spendenaufrufen, denen oft ein kleines Geschenk beigefügt wird.

Auch die zufriedene Kundin am Telefon soll ihren Zweck erfüllen, nämlich dem Kunden vermitteln, dass man bei diesem Berater gut aufgehoben ist und außerdem soll sie Vertrauen zu dem gesamten Team des Küchenanbieters wecken.

Danach begann die Planung der Küche. Der Berater sagte uns, wir könnten uns entspannt zurücklehnen, denn das Küchenstudio sei sehr erfahren in Bezug auf die Planung von Küchen und auch sehr gut in Bezug auf die Montage der jeweiligen Küche, wie wir gerade von der zufriedenen Kundin am Telefon gehört hätten. In seinem Hause buche man quasi ein „Rundum-sorglos-Paket". Daraufhin übertrug er nun unseren Grundriss in ein für Küchenplanungen vorgesehenes Programm. Im Eiltempo suchten wir uns eine Holzart für die Fronten aus, während der Berater Zug um Zug unsere neue Küche plante. Auf einem großen Bildschirm sahen wir die Schränke und Regale, die in unserer zukünftigen Küche

---

1   Rolf Dobelli: The Art of thinking clearly, Harper, New York und andere, 2013, S. 13.

stehen würden. Um uns die Küche noch besser vorzuführen, ging er mit uns in den 3D-Kinoraum des Küchenstudios.

Dies ist ein sehr geschickter Schachzug des Küchenanbieters, denn der Kunde hat nun das Gefühl, er befinde sich bereits in seiner fertigen Küche. Diese ist sozusagen „zum Greifen nahe". Es fehlt nur noch die Unterschrift unter dem Kaufvertrag. Zudem wird dem Kunden ein Gefühl von Exklusivität vermittelt. Man soll denken, das Studio scheue keine Kosten, um die Kunden zufrieden zu stellen.

Lassen Sie sich nicht blenden. Auch hier ist Psychologie im Spiel. Wir Menschen geben nur zu ungern etwas wieder aus der Hand, das wir gerade noch in eben dieser hielten. Ihre Küche ist für Sie zum Greifen nahe. Alles sieht problemlos aus und geht reibungslos vonstatten. Das ist auch kein Kunststück, denn es lässt sich alles ohne Probleme am Computer erstellen. Hier werden beim Kunden Emotionen geweckt. Was eben noch abstrakt geplant wurde, sehen Sie bereits Minuten später in 3D in Ihrem Haus oder Ihrer Wohnung stehen. Der Wunsch nach Realität wird auf diese Weise immer größer und Sie wollen diese Küche nicht mehr aus der Hand geben.

Dennoch sollte man versuchen, sich nicht durch diese Gefühle in seiner weiteren Entscheidung beeinflussen zu lassen. Bleiben Sie möglichst sachlich, denn der Kauf einer Küche ist finanziell betrachtet eine große Investition. Außerdem wird die Küche sowieso nicht von heute auf morgen geliefert. Sie können sich also getrost Zeit mit der Vertragsunterschrift lassen.

Wie Sie sehen, ist bis zu diesem Zeitpunkt bereits sehr viel Psychologie im Spiel, aber die Realität holt auch jeden noch so geschickt taktierenden Berater spätestens bei der Frage nach dem Preis der von ihm geplanten Küche ein. Diesen hatte er uns bis zu diesem Zeitpunkt bewusst noch nicht genannt. Nun musste er jedoch zugeben, dass die Küche fast doppelt so teuer war als ursprünglich von uns vorgesehen. Erinnern Sie sich noch? Zu Beginn der Planung versprach man uns, die Preisvorgabe auf jeden Fall im Auge zu behalten.

Wenn der Kundenberater auf Provisionsbasis arbeitet, dann wird er die Preisvorgabe sehr wohl im Auge behalten, gewiss jedoch um sie eher zu überschreiten als sie einzuhalten.

Uns ging es nun so, wie es allen anderen Menschen in so einem Fall auch gehen würde. Wir waren entsetzt und fragten, wieso der so erfahrene Verkäufer sich bei der Planung derart preislich verrechnen konnte – und das mit der Unterstützung seines ausgefeilten Computerprogramms.

Glauben Sie nicht, dass unser Berater nun die Schuld auf sich nahm. Selbstverständlich hat er den Preis im Auge gehabt, aber wir als Kunden haben einen so außerordentlich guten Geschmack, dass wir uns immer wieder nur für die besten und hochwertigsten und damit teuersten Geräte und Möbel entschieden und zudem auch die schönste und hochwertigste Arbeitsplatte ausgesucht haben.

Merken Sie, welches psychologische Spiel hier mit uns als Kunden gespielt wurde? Der Verkäufer versuchte uns zu schmeicheln, indem er uns quasi ein Kompliment für unseren guten und auserlesenen Geschmack machte. Dieser hatte schließlich dazu geführt, dass die Küche teurer werden musste, als ursprünglich vorgesehen.

Kompliment hin oder her, der zu Recht entsetzte Kunde kann den Preis der geplanten Küche im Zuge der Planung nicht nachvollziehen, denn an den Elektrogräten und Möbeln befinden sich in der Regel keine Preisschilder. Dies haben wir unserem Berater schließlich auch entgegengehalten. Wir waren kurz davor, dieses Küchenstudio zu verlassen. Doch der Verkäufer bot uns nun an, uns preislich entgegenzukommen. Wir ließen den Angestellten daraufhin mit seinem Vorgesetzten sprechen und waren gespannt, was man uns anbieten würde.

Leider war auch bei dieser Strategie des Verkäufers einmal mehr Psychologie im Spiel. Sie kennen doch sicher das Sprichwort: „Wer A sagt, muss auch B sagen." Wir haben hier im dem Moment quasi „A" gesagt, indem wir den Verkäufer beauftragt haben, uns in Absprache mit seinem Vorgesetzten ein besseres Angebot zu geben.

Nach einer Weile kam der Berater wieder zu uns zurück. Der ausgehandelte Preis war immer noch deutlich höher, als unser erstmals festgelegter Höchstbetrag, doch nun folgte der nächste Schachzug des Beraters. Er drängte uns zügig zu unterschreiben, denn das Angebot gelte natürlich nur an diesem Tag. Außerdem habe er gerade von seinem Vorgesetzten erfahren, dass die von uns ausgewählte Holzart für die Küchenfront bald vom Hersteller aus dem Sortiment genommen werde.

Sie ahnen es sicher schon, liebe Leserin, lieber Leser. Wieder setzte der Berater mit dieser Strategie auf die Psychologie, denn mit dem Hinweis, der Hersteller nehme unsere Holzart bald aus der Produktion, setzte er uns wieder unter Zugzwang. Die Verknappung eines Produktes lässt es beim Konsumenten zum einen wertvoller erscheinen als ständig verfügbare Produkte und zum anderen sorgte der nicht klar definierte Zeitpunkt „bald" für eine schnelle Kaufentscheidung. Man muss hier außerdem wissen, dass wir unsere Entscheidung mehr oder weniger bewusst nach dem Prinzip der sogenannten Kosten-Nutzen–Rechnung machen, wenn wir etwas kaufen möchten. Das bedeutet nichts anderes, als dass wir vor jeder Kaufentscheidung überlegen, welchen Nutzen oder aber Gewinn uns ein Produkt bringen kann. Diesem Nutzen halten wir den damit verbundenem Aufwand, das mit dem Kauf verbundene Risiko sowie die damit verbundenen Kosten entgegen.

Auf uns bezogen bedeutete dies Folgendes: Wir hatten bereits einige Zeit mit der Planung der Küche im Küchenstudio verbracht. Das war bereits ein nicht unerheblicher Aufwand. Die Holzart der Küchenfront sollte bald nicht mehr hergestellt werden und der Kaufpreis für die Küche galt nur an einem Tag. Diese Faktoren stellten quasi ein Risiko dar, wenn wir uns gegen den Kauf entscheiden würden. Zudem hat eine seltener verbreitete Küchenfront auch ein wenig den Hauch von Exklusivität bei uns hinterlassen. Wir wollten zu diesem Zeitpunkt nicht das Risiko eingehen, das uns gemachte Angebot zu verpassen.

Wir hatten „A" gesagt und waren auch kurz davor, „B" zu sagen.

Um uns zum Kaufvertragsabschluss zu bewegen, merkte der Berater zudem an, wir sollten bedenken, dass jedes Zögern unsererseits dazu führe, dass sich der Liefertermin unserer schön geplanten Küche allein schon wegen der Lieferzeit der Möbel unnötig in die Länge ziehen würde.

Der Berater hatte zwar offensichtlich unsere Preisvorstellung vergessen, nicht jedoch die Tatsache, dass unser Backofen den Geist aufzugeben drohte und wir die neue Küche unbedingt haben wollten. Auch hier spielte wieder Psychologie mit. Erstens galt das Angebot nur an dem einen Tag und außerdem drängte er zur Eile wegen der langen Möbellieferzeit.

Zu diesem Zeitpunkt haben wir uns zu sehr drängen lassen. Steigen Sie an dieser Stelle aus der Verhandlung aus, denn Entscheidungen, die unter Druck gemacht werden, führen zwangsläufig zu Fehlern. Nutzen Sie stattdessen die Tatsache aus, dass die Küchenstudios in der Regel in Konkurrenz zueinander stehen und weisen Sie darauf hin, dass Sie erst prüfen, ob das Angebot auch anderen Angeboten gegenüber standhalten kann.

Jetzt im Nachhinein muss ich gestehen, dass ich die Weihnachtsfeiertage zu sehr im Hinterkopf hatte und deshalb alles so schnell wie möglich erledigen wollte. Man darf sich selbst zeitlich nicht zu sehr in Bedrängnis bringen. Seien Sie sich dessen bewusst, dass Möbellieferzeiten sich sehr in die Länge ziehen können, unabhängig davon, ob Sie einen Kaufvertrag sofort unterschreiben oder ihn noch einmal in Ruhe überdenken. Es ist nie verkehrt, eine Nacht oder mehrere über eine solche Entscheidung zu schlafen. Auch die Tatsache, dass ein Angebot nur an einem bestimmten Tag gilt, sollte nicht zu vorschnellen Entscheidungen führen.

Wir haben uns bei dem Abschluss des Kaufvertrages dafür entschieden, dass unsere neue Küche von Seiten des Küchenstudios endmontiert wird, denn wir wollten Zeit und Mühe sparen. Außerdem fanden wir unser „Rundum-sorglos-Paket" recht angenehm.

In unserem Vertrag stand, dass zunächst die Küchenmöbel geliefert und montiert würden. Da unsere Arbeitsplatte aus Granit ist, mussten wir noch weitere vier Wochen nach Endmontage der Küchenmöbel auf die Lieferung und Montage der Arbeitsplatte warten. Anstelle eines Fliesenspiegels hatten wir uns für Glasrückwände entschieden. Sie ahnen schon, dass wir auch für die Montage und Lieferung dieser Rückwände Wartezeit in Kauf nehmen mussten. Diese Details hatte unser erfahrener Berater uns jedoch während der Planung vorsorglich verschwiegen. Mittlerweile war mir längst klar, dass wir wesentlich länger als ursprünglich geplant auf unsere neue Küche warten müssten. Zudem sah unser Vertrag eine Anzahlung von 40 Prozent des Kaufpreises vor.

Bevor unsere Möbel geliefert wurden, kam zunächst ein Mitarbeiter des Küchenstudios in unser Haus, um unsere Küche zu vermessen. Anscheinend hat es ihm bei uns so sehr gefallen, dass er am nächsten Tag wiederkam, um noch einmal Maß zu nehmen. Vielleicht wollte er auch nur sichergehen, dass die Maße sich nicht wie von Zauberhand über Nacht verändert haben.

5. Endlich ist es so weit! Die Küchenmöbel werden geliefert

Mitte Februar war es endlich so weit. Unsere Küchenmöbel wurden geliefert. Bevor die Küchenmonteure die Küchenmöbel jedoch aus dem Lieferwagen holten, geschweige denn mit der Montage unserer Küchenmöbel begonnen wurde, wollte einer der Monteure erst einmal den noch ausstehenden Betrag für die Küche erhalten. Dies lehnten wir jedoch ab und verwiesen darauf, dass wir bereits 40 Prozent des vertraglich vereinbarten Kaufpreises entrichtet hatten und nun erst einmal eine Gegenleistung für unser Geld erwarteten.

Einige Küchenanbieter verlangen Vorkasse, ohne auch nur eine adäquate Leistung erbracht zu haben. Wir haben die Möbel noch nicht einmal in Augenschein nehmen können und bereits einen Großteil der vereinbarten Summe bezahlt. Zudem standen noch die Lieferung der Glasrückwände sowie die Lieferung der Arbeitsplatten aus. Dennoch erwartete man von uns ganz selbstverständlich, dass wir die Gesamtsumme des Kaufpreises zahlen. Lassen Sie sich nie dazu drängen, den kompletten Preis zu entrichten. Sollte etwas bei Ihrer Küchenmontage schiefgehen oder aber sich die Lieferzeit unangemessen verzögern, dann ist das Geld das einzige Druckmittel, das Ihnen als Kunden nach geleisteter Unterschrift unter dem Vertrag noch bleibt.

Verdrießlich musste der Monteur akzeptieren, dass wir die Arbeiten nur Zug um Zug bezahlen wollten. Also machten die Monteure sich dann schließlich doch noch an die Arbeit.

Als die Küchenmöbel ausgepackt wurden, stellten wir als erstaunte Kunden fest, dass ein Küchenhersteller diese auch vormontiert liefern kann. Wir mussten unsere Möbel bisher immer mühevoll von Hand oder mit einem Akkuschrauber bewaffnet selbst zusammenschrauben. Dies ist zudem häufig mit dem Studium komplizierter Anleitungen verbunden. Es geht also auch viel komfortabler.

Erwarten Sie angesichts der vormontierten Schränke auch, dass die Endmontage der Küchenmöbel und das Anschließen der Elektrogeräte innerhalb eines Tages erledigt werden kann? Unsere Monteure waren so arg mit dem Anbringen der vormontierten Schränke und Regale beschäftigt, dass sie am ersten Tag schon gegen Mittag die Arbeit beendeten und noch einen weiteren Tag benötigten, um auch die Elektrogeräte anzuschließen.

Im Hinblick auf die Tatsache, dass wir die alte Küche bereits demontiert hatten und die Schränke schon vormontiert waren, war man hier doch sehr großzügig, aber nur im Umgang mit der Zeit des Kunden.

Als die Elektrogeräte angeschlossen waren, bezahlten wir den Betrag, der für die Möbel, die Elektrogeräte sowie deren Endmontage noch offen war. Die Restsumme behielten wir weiterhin ein.

Auch wenn die Monteure sich mit dem Aufbau der Möbel sehr viel Zeit gelassen haben, waren wir zunächst mit dem vorläufigen Ergebnis zufrieden, denn es wurden die richtigen Möbel geliefert und die Schubladen sowie die Türen funktionierten. Eine von uns beanstandete Kleinigkeit an einer der Blenden am Backofen wurde umgehend dem Hersteller gemeldet. Eigentlich klingt dies doch alles gar nicht so schlecht. Sie fragen sich, warum ich diesen Erfahrungsbericht schreibe? Lesen Sie ruhig weiter, denn nun ging es erst richtig los.

Hätten Sie erwartet, dass die Küchenmonteure die beanstandete Blende am Backofen anbringen würden? Leider befinden Sie sich in diesem Fall im Irrtum. Ich hatte nun das zweifelhafte Vergnügen, einen mir vom Kundendienst des Backofenherstellers vorgegebenen Termin einzuhalten.

Aus meiner Sicht als Kundin ist es unverständlich, wieso der Küchenmonteur eine beschädigte Blende am Backofen nicht selbst anbringen kann, zumal in unserem Fall noch ein weiterer Folgetermin für die Endmontage der Arbeitsplatten sowie für das Anbringen der Glasrückwände nötig war. Erneut zeigte sich die Küchenfirma sehr großzügig, jedoch wieder nur im Umgang mit unserer Zeit, denn auch für diesen Termin am Vormittag war ein weiterer Urlaubstag nötig.

Denken Sie jetzt bitte nicht, ich sei kleinlich, denn es kam, wie es kommen musste. Der Kundendienstmitarbeiter kam zwar zum vereinbarten Termin, verkündete zur Begrüßung jedoch gleich gut gelaunt, er habe nicht alle Teile dabei, die er für die Bearbeitung der Beanstandung brauche. Das mache jedoch nichts, denn die Küchenmonteure könnten diese Kleinigkeit ohne Schwierigkeiten beim nächsten Termin erledigen. Mit einem „großen Fragezeichen" in meinem Gesicht verabschiedete ich diesen fröhlichen Mann. Warum seine Firma überhaupt einen Termin mit mir vereinbart hatte, konnte er mir auch nicht sagen.

Hierbei können Sie sich noch so sehr ärgern. Diesen Unfug müssen Sie leider hinnehmen. Wenn man an dieser Stelle eine kleine Bilanz aufstellt, dann hatten wir bereits zwei Vermessungstermine, zwei Montagetermine und einen Kundendiensttermin hinter uns, ohne dass unsere Küche jedoch fertig war. Sie erinnern sich: bei meiner Schwester waren für das Demontieren und Endmontieren ihrer Küche lediglich zwei Termine nötig.

Ganz abgesehen von der Tatsache, dass ich mir unnötigerweise einen weiteren Termin wegen des Backofens eingehandelt hatte, stellten wir fest, dass unsere Monteure erhebliche Schwierigkeiten beim Aussägen der Aussparungen für die Steckdosen in den Schrankrückwänden hatten. So wie die beiden Monteure diese ausgesägt hatten, hätte man eigentlich gänzlich auf Rückwände verzichten können.

Schlecht ausgesägte Rückwände

Juristisch gesehen hat man hier unseren Möbeln Schaden zu-
gefügt. Die Möbel hatten wir zu diesem Zeitpunkt ja bereits
vollständig bezahlt. Diese Mängel müssen Sie übrigens beim
Verkäufer anzeigen. Zum Thema Mangelanzeige und Mangelbehebung folgt weiter unten noch eine Anmerkung.

Bis Mitte März sollten alle noch fehlenden Teile für die Endmontage unserer Küche geliefert werden. Sollten trifft es sehr genau, denn einen Tag
vor diesem Termin erhielten wir spätnachmittags einen Anruf, bei dem
uns eine Mitarbeiterin des Küchenstudios mitteilte, dass ein Teil für die
Endmontage leider fehle. Großzügig bot sie uns an, den Termin für die
Endmontage zu verschieben.

Das macht doch nichts, oder? Vielleicht hat man ja sehr viel
Freizeit, wenn man in einem Küchenstudio arbeitet. Andere
Arbeitnehmer müssen allerdings mit ihrer Zeit dummerweise
haushalten und können in der Regel auch nicht spontan spätnachmittags ihre Urlaubsplanung mit ihrem Arbeitgeber abspre-
chen.

Der Laie glaubt nun sicherlich, dass er aufgrund des fehlenden Teils gewiss das Recht der Kaufpreisminderung habe. Das stimmt leider nicht, denn der Käufer hat hier zwar einen sogenannten **Gewährleistungsanspruch**, jedoch nicht das Recht zur sofortigen Kaufpreisminderung. In **§ 439 BGB** ist festgelegt, dass der Käufer seinen Anspruch auf Behebung eines Mangels beim Verkäufer geltend machen muss. Der Käufer muss diesem jedoch die Möglichkeit einer **Nacherfüllung** innerhalb einer **angemessenen Frist** gewähren.

Was versteht man nun unter einem Mangel? Aus juristischer Sicht spricht man immer dann von einem Mangel, wenn eine gelieferte Ware fehlerhaft oder aber schadhaft ist. Des Weiteren handelt es sich um einen Mangel, wenn bei der Montage einer Sache Schäden entstehen, wie dies beispielsweise bei dem unsachgemäßen Aussägen der Aussparungen für die Steckdosen bei unseren Schrankrückwänden der Fall war. Man nennt dies dann auch eine unsachgemäß erfolgte Montage. Außerdem spricht man juristisch betrachtet von einem Mangel, wenn von der Ware eine zu geringe Menge geliefert wird, wie das in unserem Fall fehlende Teil der Glasrückwand. In jedem Fall sollte man seinen Anspruch dem Verkäufer gegenüber schriftlich anzeigen.

Nehmen Sie dies bitte sehr genau, denn nur schriftlich bekundete Ansprüche sind im Zweifelsfall beweiskräftig.

Dies brauchten wir jedoch nicht, denn uns wurde sofort ein Nacherfüllungstermin genannt. Wir vereinbarten mit dem Küchenstudio, dass zunächst alle gelieferten Teile der Arbeitsplatten montiert werden sollten und akzeptierten auch den Termin für die Nacherfüllung. Wir hofften, dass der Endmontage der Granitarbeitsplatten und eines Teils der Glasrückwände nun nichts mehr im Wege stand.

Dies sollte man doch wohl meinen. Es sei denn die Monteure stehen sich buchstäblich selbst im Wege. Doch lesen Sie selbst, was alles passieren kann.

6. Der erste Versuch der Endmontage

In froher Erwartung der Montage unserer Granitarbeitsplatten öffneten wir den uns bereits bekannten Monteuren an einem Freitagmorgen unsere Haustür. Es störte mich auch nicht, dass diese auf unsere Auffahrt fuhren, ohne dies vorab mit uns abgesprochen zu haben, denn ich wollte ja schließlich, dass die schweren Granitplatten wohlbehalten ihr Ziel erreichen. Nun erfolgte eine kleine Invasion uns unbekannter Monteure, vier an der Zahl, die vorab erst einmal alle berichteten, dass sie in der letzten Zeit, milde formuliert, nicht gerade ein gutes Händchen in Bezug auf die Montage von Küchenarbeitsplatten diversester Art hatten.

Die Schilderungen arteten schon ein wenig in Prahlerei aus. Getreu dem Motto: „Wer hat mehr Arbeitsplatten zerbrochen?" Mein Magen drehte sich angesichts dieser Berichte und ich wollte meine Tür am liebsten wieder ganz schnell schließen. Doch dann würde die Küche ja nie fertig. Hätte ich in diesem Fall doch bloß die Vernunft ausgeschaltet, wäre meinem Bauchgefühl gefolgt und hätte die Tür schnell wieder geschlossen.

Nicht genug damit, dass nun sechs Monteure über das Blumenbeet unseres Vorgartens trampelten[2], fand im Haus selbst nun ein mehr oder minder organisiertes Chaos statt. Um die Arbeitsplatten montieren zu können, wurden vorab die Küchenmöbel zum Teil wieder auseinander genommen, das heißt es wurden nicht nur Spüle und Herd demontiert, sondern auch diverse Schubladen wie von einer Horde wild gewordener Monteure durch unser Haus gewuchtet. Das alles sah sehr unorganisiert, hektisch und chaotisch aus.

---

2   Da der Lieferwagen, mit dem die Monteure auf unserem Grundstück parkten, den gesamten Gehweg versperrte, konnte man nur noch über das Blumenbeet gehen, um in unser Haus zu gelangen.

Im Zuge dieser übereilten Geschäftigkeit passierte das Unvermeidliche. Ein Monteur bewies, dass er überhaupt kein Augenmaß hat und versuchte eine der 90 cm breiten Schubladen der Breite nach durch unsere 86 cm schmale Tür zu wuchten. Dabei wurde die Türzarge erheblich beschädigt. Nun rotierte mein Magen und ich wollte die Horde wild gewordener Monteure am liebsten wieder vor die Tür setzen, aber das ging ja leider nicht. Dem Monteur war das Ganze ziemlich peinlich, mir jedoch wurde es immer mulmiger zumute. Wie Recht mein inneres Gefühl hatte, sah ich einige Minuten später. Danach wollten die Monteure die Granitarbeitsplatten montieren. Auch die Art und Weise, wie dies geschah, glich eher einer improvisierten als einer strukturierten Aktion. Laut schreiend machten sie sich daran, eine Arbeitsplatte nach der anderen in unsere Küche zu wuchten. Bei der ersten großen Granitarbeitsplatte ging es noch gut. Danach wurde die zweite Arbeitsplatte von sechs Männern, die im Gänsemarsch liefen und unter der Last der schweren Arbeitsplatte in die Knie gingen, in unsere Küche gebracht. Was nun folgte, lässt sich auch nur wieder als unstrukturiertes und planloses Handeln beschreiben. Es wurde wie auch bei der ersten Platte wild durcheinander geschrien: „Links, **nein** rechts, runter, **nein** hoch, **Aua**, …" Ein wildes, unkoordiniertes Durcheinander fand in unserer Küche statt bis ich einen Knall und das „Sch…"-Wort hörte. Nun hatte ich Gewissheit. Ich hätte meiner inneren Stimme einfach folgen und diese Stümper nicht in unser Haus lassen sollen, denn neben einer beschädigten Türzarge hatte ich nun auch noch eine kaputte Granitarbeitsplatte und stark beschädigte, neue Küchenmöbel. In diesem Augenblick stellte sich außerdem heraus, dass eine der Arbeitsplatten unbrauchbar war, denn der für die Spüle vorgesehene Ausschnitt passte so ganz und gar nicht zu unserer Spüle. Gute Handwerker hätten schon vorab Maß genommen und sich so das Tragen sowie die Montage einer schweren und völlig falschen Granitplatte erspart.

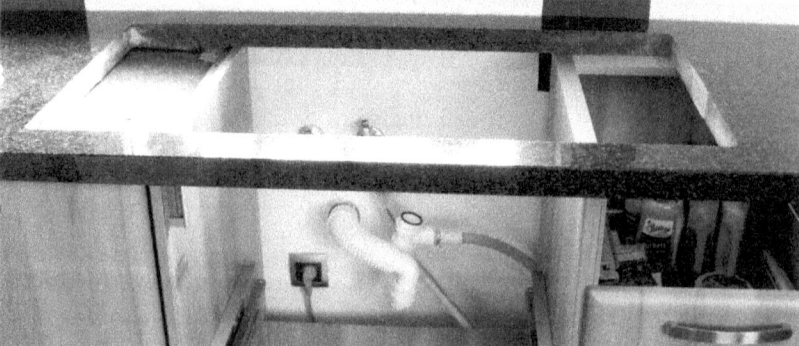

Falsch ausgesägte Spüle

28

Richtig ausgsägte Spüle

Das Folgende würde ich kaum glauben, wenn ich es nicht selbst erlebt hätte. Die Monteure entschuldigten sich nicht etwa für ihr stümperhaftes Vorgehen, sondern die vier uns unbekannten Monteure verschwanden einfach wortlos. In diesem Augenblick hatte ich das Gefühl „im falschen Film" zu sein. Meine Küche sah sehr ramponiert aus, über dem Ess- und Wohnzimmerboden verteilt lagen verschiedene Schubladen herum. Eigentlich sollte dies doch am heutigen Tag ganz anders sein. In diesem Augenblick wusste ich nicht einmal, ob dieses Chaos überhaupt noch am selben Tag beseitigt werden würde, denn einer der beiden uns bekannten Monteure meldete sich zu Wort. Auch er entschuldigte sich nicht. Das kann ein Kunde doch wirklich nicht erwarten. Er jammerte lieber ein wenig herum, denn sein Bein schmerzte. Auf meine Frage, warum die vier Kollegen einfach verschwunden seien, antwortete er dreist:

> „Die habe ich mir zum Tragen der Granitarbeitsplatten selbst organisiert, die müssen noch andere Küchen montieren. Sie können froh sein, dass wir heute überhaupt gekommen sind. Hätte ich die Kollegen nicht überredet zu helfen, wäre ich heute gar nicht gekommen. Mein Kollege und ich können die beiden Arbeitsplatten nun aber nicht wieder allein zurück in unseren Laster bringen."

Der Kunde soll also froh sein, wenn ein Küchenanbieter einen Montage-termin mit ihm vereinbart und seine Mitarbeiter diesen auch tatsächlich einhalten. Was hier passiert, ist nicht nur dreist, sondern auch extrem un-verschämt. Anscheinend muss der Kunde nicht nur dankbar dafür sein, dass die Herrschaften geruhen, vereinbarte Termine überhaupt einzuhal-ten, sondern auch die entstandene Katastrophe hat der Kunde offensicht-lich geduldig und dankbar hinzunehmen. Hier nutzte der Monteur den Schock aus, unter dem mein Mann und ich uns befanden. Uns fehlten angesichts dieses Desasters in diesem Moment einfach die Worte.

Nach einer kurzen Weile legte sich der Schock bei mir ein wenig und ich drängte die Monteure zu klären, wann die falsche Granitarbeitsplatte und die zerbrochene Platte wieder aus meiner Küche entfernt würden und wann sie zudem gedachten, das entstandene Chaos in unserem Haus zu beheben. Mit der Antwort, die mir nun gegeben wurde, hätten Sie, liebe Leser, garantiert nicht gerechnet.

Monteur: „Ich habe schon versucht, meinen Chef und andere Kollegen anzurufen, aber heute sind anscheinend alle in einer Besprechung. Ich weiß auch nicht, wie lange die dauert."

Auch in diesem Fall ist sehr viel Psychologie im Spiel. Die freche Art des Monteurs sollte uns als Kunden einschüchtern und die Taktik, die sich hinter der Warterei verbirgt kann man auch Zer-mürbungstaktik nennen. Der Kunde soll am Ende so mürbe ge-macht werden, dass er dankbar ist, wenn der entstandene Scha-den überhaupt noch am selben Tag beseitigt wird. Bleiben Sie in so einem Fall möglichst ruhig und versuchen Sie sich darauf zu konzentrieren, so viele Beweise wie möglich zu dokumentieren. Das erste, was Sie machen sollten, ist, sich eine Kamera oder ein Smartphone zu nehmen und alle für Sie sichtbaren Mängel zu fotografieren. Sollte der Küchenanbieter sich nicht bei Ih-nen melden, um das weitere Vorgehen mit Ihnen zu besprechen, dann verlassen Sie sich **nicht** auf die Aussagen, die Ihnen von Seiten der anwesenden Monteure gemacht werden. Denken Sie daran, diese Herren haben eher ein Interesse daran, die entstan-denen Schäden möglichst kleinzureden als Ihnen wirklich zu helfen. Werden Sie aktiv.

Wir erwachten also schließlich aus unserer Schockstarre und gingen so vor, dass mein Mann in der Zentrale des Küchenstudios anrief und ich gleichzeitig anfing, den Küchenmonteuren klarzumachen, dass wir nicht länger warten wollten. Ich habe sie also aufgefordert, etwas gegen den Zustand, in dem sie unsere Küche sowie das Wohn- und Esszimmer hinterlassen haben, zu unternehmen. Des Weiteren erklärte ich ihnen, dass ich keine Scheu hätte, ihrer Firma die für meine Familie notwendigen Mahlzeiten in Rechnung zu stellen. Wir würden also an diesem Wochenende sämtliche Mahlzeiten in einem Restaurant zu uns nehmen, wenn dieses Chaos nicht umgehend beseitigt würde, denn meine Kinder hatten bald Schulschluss und wollten dann ihr Mittagessen haben. Ich gab ihnen schließlich eine Zeit vor, innerhalb derer unsere Küche wieder einsatzbereit sein musste. Die Androhung weiterer Kosten und der Anruf meines Mannes im Küchenstudio bewirkten endlich, dass die Invasion von Monteuren erneut ihren Lauf nahm. Diese trugen eilig die Granitplatten davon, um dann auch gleich wieder zu verschwinden. In unserem Haus ging es mittlerweile wie in einem Taubenschlag zu. Es tauchten immer mehr Mitarbeiter des Küchenstudios bei uns auf. Uns gänzlich unbekannte Männer fielen in unsere Küche ein und machten sich über die entstandenen Schäden nur lustig, keiner war wirklich gewillt, die Angelegenheit mit dem nötigen Ernst abzuwickeln. Ein Kundendienstmitarbeiter stellte sich kurz darauf bei uns vor, machte wie alle anderen auch seine Witze, um dann eilends wieder zu gehen. Wieso dieser Mann überhaupt zu uns kam, weiß ich leider bis heute nicht, denn seine Arbeit, nämlich die Schäden korrekt aufzunehmen, hat er vor lauter Witzelei gänzlich vergessen. Die Schadensaufnahme wurde dann durch einen der Monteure durchgeführt. Hierbei kann allerdings nicht die Rede von einer korrekten Aufnahme sämtlicher Schäden sein, denn er versuchte eher, die entstandenen Schäden herunterzuspielen, zum Teil wurden Schäden gar nicht erst als solche dokumentiert. Auch auf meinen Hinweis, dass er einige Schäden nicht in sein Protokoll aufgenommen habe, ging er nicht ein.

Außerdem ließ man ein Stück der zweiten (beschädigten) Granitplatte einfach liegen, um so die auf den Möbeln befindlichen Kratzspuren zu verdecken.

Sie sollten sich von dieser subtilen Vorgehensweise nicht mürbe machen und erst recht nicht einschüchtern lassen. Die Witze, die einige Mitarbeiter über die entstandenen Schäden gemacht haben, sollten den Eindruck einer Bagatelle erwecken. Lassen Sie nicht zu, dass man Ihr Anliegen auf eine derart unverschämte Art bagatellisiert. Nehmen Sie aktiv bei der Aufnahme der entstandenen Schäden teil. Verweisen Sie trotz aller dummen Sprüche darauf, dass Sie die Sache ernster sehen. Das ist die Angelegenheit ja schließlich auch, denn Ihr **Eigentum** hat Schaden genommen. Für Sie bedeutet dies, dass Sie wieder neue Termine in Kauf nehmen müssen. In unserem Fall mussten sowohl die von uns bereits bezahlten Möbel als auch die Granitplatten natürlich erst wieder bestellt werden. Somit haben wir wiederum eine Wartezeit von einigen Wochen in Kauf nehmen müssen. Zudem musste erneut Urlaub für die Endmontage der Küche genommen werden. Wenn man bedenkt, dass wir den Küchenanbieter mit der Montage der Küche beauftragt haben, um Mühe und Zeit zu sparen, dann kann man nur sagen, dass dieser Plan nicht aufgegangen ist.

Sie sollten in jedem Fall die Schäden beim Händler **schriftlich** anzeigen und ihm eine **Frist** zur Behebung der Schäden setzen. Dies machten wir umgehend, indem wir die Schäden, die der Monteur nicht aufgenommen hat, sofort telefonisch meldeten und zudem verschickten wir vorab eine E-Mail, um schnellstmöglich unsere Ansprüche geltend zu machen. Um einen Nachweis für unsere schriftliche Anzeige sämtlicher Mängel zu haben, schickten wir zudem ein Einschreiben an die Geschäftsleitung des betreffenden Küchenstudios. In diesem Schreiben listeten wir sämtliche entstandenen Schäden auf und setzten dem Unternehmen eine zweiwöchige Frist[3], innerhalb derer alle Schäden behoben werden sollten.

Eigentlich sollte man erwarten, dass man von den Herrschaften, die man anschreibt, eine Antwort erhält. Diese ist uns die Unternehmensleitung jedoch schuldig geblieben. Ihre Einstellung bzw. ihr Desinteresse dem Kunden gegenüber spiegelt die Art und Weise wider, mit der die Mitarbeiter dieses Hauses mit Kunden umgehen.

---

3   Bei den zwei Wochen handelt es sich um einen üblichen Wert für eine angemessene Frist.

Vielleicht sollten diese Herren sich einmal das folgende Zitat genau durchlesen:

> „Der wichtigste heute vernachlässigte Managementgrundsatz ist die Nähe zum Kunden. Seine Bedürfnisse zu erfüllen und seinen Wünschen zuvorzukommen: Darum geht es! Für allzu viele Unternehmen ist der Kunde zum lästigen Störenfried geworden. Sein unberechenbares Verhalten wirft wohldurchdachte strategische Pläne über den Haufen, seine Handlungen bringen die EDV durcheinander, und obendrein besteht er auch noch hartnäckig darauf, gekaufte Produkte müssten funktionieren!"

> *(Lew Young, amerikanischer Journalist und Chefredakteur der Business Week)*[4]

Diese Nähe zum Kunden ist der betreffenden Geschäftsleitung so lästig, dass sie bis heute noch keine persönliche Stellungnahme auf die von uns in unserem Schreiben gestellten Fragen abgegeben hat. Stattdessen betraute sie eine Sachbearbeiterin mit der Bearbeitung unseres Falles. Etwa vier Wochen nach der Behebung aller entstandenen Schäden erhielten wir ein Standardschreiben, in dem ein Geschäftsführer uns aufforderte sein Unternehmen zu bewerten. Auf dieses Schreiben später wird im Abschnitt „Die Geschäftsleitung bedankt sich" eingegangen.[5]

---

4   Zitiert nach: Andrea Weiss: New Customer Marketing: Ihre Wunsch-Kunden werden Sie lieben, BoD – Books on Demand, Norderstedt 2014, S. 43, 44.

5   auf S. 45

7. Schadensaufnahme

Die Sachbearbeiterin zeigte zunächst, dass sie unseren Fall mit dem nötigen Ernst behandelte. Was uns allerdings einmal mehr in Erstaunen versetzte, war die Tatsache, dass sie uns anbot, genau den Kundendienstmitarbeiter, der bereits am Tag des Desasters zu uns kam, zwecks detaillierter Aufnahme der Schäden zu uns zu schicken. Einmal mehr waren wir hier die Dummen. Diese detaillierte Schadensfeststellung bedeutete, dass wir uns wieder Zeit nehmen mussten, um diesen Mitarbeiter zu empfangen. Ein Termin, der nicht nötig gewesen wäre, wenn dieser Herr gleich mit dem nötigen Ernst zur Sache gegangen wäre. Mein Mann berichtete der Sachbearbeiterin, dass besagter Herr bereits bei uns zugegen war und alles andere tat, als die Schäden aufzunehmen. Irritiert schlug sie daraufhin vor, dass dann ein wesentlich erfahrenerer Kollege vorbeikomme.

Ich konstatiere an dieser Stelle, dass man in diesem Unternehmen den Kunden auch gerne mit unerfahrenen Mitarbeitern konfrontiert. Wenn Sie nun glauben, Sie könnten diesen zusätzlichen Termin verweigern, muss ich Ihnen leider erklären, dass der Käufer grundsätzlich verpflichtet ist, dem Verkäufer die Kaufsache zur Überprüfung der beanstandeten Mängel zur Verfügung zu stellen. In einem Urteil des BGH heißt es dazu:

> „Die Obliegenheit des Käufers, dem Verkäufer Gelegenheit zur Nacherfüllung zu geben, beschränkt sich nicht auf eine mündliche oder schriftliche Aufforderung zur Nacherfüllung, sondern umfasst auch die Bereitschaft des Käufers, dem Verkäufer die Kaufsache zur Überprüfung der erhobenen Mängelrügen zur Verfügung zu stellen."[6]

---

6   BGH, Urteil vom 10.03.2010, Az: VIII ZR 310/08, s. dazu http://www.haendlerbund.de/hinweisblaetter/finish/1-hinweisblaetter/23-gewaehrleistung-allgemein

Somit mussten wir also einmal mehr in den sauren Apfel beißen und einen erneuten Termin in Kauf nehmen. Der sogenannte erfahrene Mitarbeiter erschien dann auch pünktlich zum vereinbarten Termin. Was wir nunmehr in unseren eigenen vier Wänden erleben durften, überbot alles an Dreistigkeit, was bereits zuvor geschehen war. Dieser erfahrene Kundendienstmitarbeiter versuchte uns in die Enge zu treiben, indem er behauptete, wir hätten von dem Moment an, als wir ihn in unser Haus ließen, keinen Anspruch mehr auf eine schriftliche Bestätigung seitens des Unternehmens.

Diesen groben Unfug braucht man nicht ernst zu nehmen, denn niemand kann Ihnen verbieten, Ihre Angelegenheiten schriftlich zu klären. Hier zeigt sich erneut, dass man auf Seiten dieses Unternehmens keineswegs daran interessiert ist, den Kunden zufrieden zu stellen. Vielmehr wurde der Versuch unternommen, uns als Kunden unter Druck zu setzen. Lassen Sie sich nicht beirren, Sie haben ein Recht auf die schriftliche Bestätigung sämtlicher Versprechen seitens des Verkäufers. Verspricht man Ihnen mündlich vollmundig Dinge, die später gegebenenfalls nicht eingehalten werden, ist es für Sie umso schwerer nachzuweisen, dass diese Versprechen tatsächlich gemacht wurden. Alles, was Sie schriftlich haben, ist hingegen beweiskräftig und hält gegebenenfalls vor Gericht stand.

In diesem Augenblick waren wir kurz davor, diesen unverschämten Herren des Hauses zu verweisen. Nach einer knappen und deutlichen Zurechtweisung unsererseits lenkte er ein und begann schließlich mit der Schadensaufnahme. Erneut wollte er uns die Schäden nicht schriftlich bestätigen. Mein Mann forderte ihn daraufhin auf, ihm das gemachte Schadensprotokoll zwecks Kopie zur Verfügung zu stellen. Nach einigem Zögern händigte der Kundendienstmitarbeiter meinem Mann dieses aus. Kaum ging mein Mann zum Kopieren aus der Küche, versuchte dieser Mitarbeiter erneut, mich davon zu überzeugen, dass eine schriftliche Bestätigung seiner Firma nicht mehr nötig sei.

Lassen sich auf gar keinen Fall von Ihrer Linie abbringen. In einem Protokoll werden die Schäden lediglich aufgelistet. Hier steht noch rein gar nichts über die Art und Weise der Schadensbehebung. Die konkrete Vorgehensweise bei der Schadensbehebung oder auch bezüglich der Beseitigung der Mängel sollten Sie jedoch **in jedem Fall schriftlich vorliegen haben**, denn es macht beispielsweise schon einen Unterschied, ob sie neue Möbel erhalten oder Kratzer lediglich vertuscht werden, indem man einfach eine Arbeitsplatte darüberlegt.

So hat man das bei uns zunächst versucht. Wir bestanden jedoch auch darauf, dass die Möbel mit den Kratzern mit in die zu beseitigenden Mängel aufgenommen wurden. Man darf nicht vergessen, dass Kratzer den Wert der neuen Ware schließlich nicht unerheblich mindern. Wir haben ja auch den Preis für Neuware und nicht für Gebrauchtmöbel entrichtet.

Am darauffolgenden Tag rief die Sachbearbeiterin bei uns an, um uns mündlich mitzuteilen, was alles an Mängeln behoben werden sollte. Erneut machte ich deutlich, dass ich dies schriftlich betätigt haben wollte. Gleichzeitig nutzte ich die Gelegenheit, um mich über das unverschämte Auftreten des Kollegen zu beschweren. Ich bat die Sachbearbeiterin, die Geschäftsleitung von diesem für uns befremdlichen Verhalten in Kenntnis zu setzen. Sie wollte dies tun. Bis zum heutigen Tag hat die Geschäftsleitung auch dazu keine Stellung bezogen.

Erneut hat man also versucht, uns mit einem Anruf abzuspeisen. In diesem Telefonat wurde mir auch mitgeteilt, dass man die von uns gesetzte Frist nicht einhalten könne, weil Möbel, die neu bestellt werden mussten, erst nach dem von uns gesetzten Termin einträfen. Da wir wiederum kein Schriftstück in den Händen hielten, änderte ich nun meine Strategie. Ich drohte unverblümt mit einem Anwalt, mit dem ich mich bereits vorab zwecks eines kurzfristigen Termins in Verbindung gesetzt hatte.

Sie sollten allerdings nicht nur mit einem Anwalt drohen, sondern in einem solchen Fall auch wirklich einen Juristen oder eine
Juristin aufsuchen. Wie man an unserem Fall erkennt, versuchte
diese Firma sehr lange, uns ohne schriftliche Aussagen über die
Mangelbeseitigung hinzuhalten. Erst als ich sagte, ich wolle eine
schriftliche Mitteilung haben, damit mein Anwalt den Sachver-
halt überprüfen könne, wurde meiner Bitte nachgekommen.

Allerdings ging auch erst zwei Tage nach dem Telefonat mit der Mitarbeiterin bei uns die E-Mail ein. Mittlerweile war auch der März fast vorbei.

8. Beim Anwalt

Wir hatten zum Glück kurzfristig einen Termin zu einer Rechtsberatung bekommen. Erleichtert durften wir feststellen, dass wir bis dahin aus juristischer Sicht alles richtig gemacht hatten. Unser Anwalt riet uns, die terminliche Verzögerung bei der Mangelbehebung hinzunehmen, weil die Begründung durchaus plausibel sei, aber wir sollten trotzdem nochmals schriftlich auf die E-Mail unseres Küchenanbieters reagieren. In unserem Antwortschreiben sollten wir den vom Küchenstudio vorgegebenen Termin als verbindliche, letzte Frist zum Beheben sämtlicher Mängel sowie zur Endmontage der Küche setzen.

Wir antworteten auf die E-Mail des Küchenstudios per Einschreiben und schrieben, dass wenn die in der E-Mail genannte Frist erneut *ergebnislos verstreichung würde* oder an diesem Tag unser Eigentum nochmals im Zuge der Montagearbeiten beschädigt würde, der von uns bereits kontaktierte und bevollmächtigte Rechtsanwalt tätig werde. Außerdem wiesen wir darauf hin, dass wir die Monteure, die bei uns so großen Schaden angerichtet hatten, nicht als Team zur Behebung der Mängel akzeptieren und uns auch keine weiteren Unverschämtheiten seitens der Mitarbeiter des Küchenstudios in unserem Haus gefallen lassen würden.

9. Mangelbehebung und der zweite Versuch der Endmontage

Wenn man sich vor Augen führt, dass ich mittlerweile zwischen Weihnachten 2012 und Ostern 2013 küchentechnisch improvisieren musste, dann kann man sich gewiss vorstellen, dass ich den Termin der Mangelbehebung und der Endmontage regelrecht herbeigesehnt habe.

Statistisch gesehen fanden bis dahin bereits sieben Termine für die neue Küche in unserem Hause statt, der Termin der Endmontage und Mangelbehebung war somit der achte Termin. Einerseits konnten wir es kaum erwarten, bis der Tag endlich da war und andererseits hatten wir auch die Sorge, dass wieder alles schiefgehen könnte.

Dann war es endlich so weit. Man hatte unsere Briefe insofern ernstgenommen, als ein neues „Monteurpaar" an diesem Tag bei uns klingelte. An der Art und Weise wie diese beiden arbeiteten, habe ich schon gemerkt, dass es offensichtlich auch akkurat arbeitende Monteure bei dem Küchenstudio gibt. Zunächst wechselten sie die beschädigten Möbel aus und auch die Rückwände der Möbel wurden diesmal mit großer Sorgfalt ausgesägt.

Sorgfältig ausgesägte Rückwand

Man fragt sich, weshalb bei uns nicht gleich so sorgfältig gearbeitet wurde, denn offensichtlich gibt es auch Monteure, die es können.

Nun keimte in mir die Hoffnung auf, dass alles doch noch gut enden könnte. Nachdem alle Mängel an den Möbeln behoben waren, riefen die beiden Monteure bei ihrem Vorgesetzten an, der daraufhin mit weiteren Monteuren zu uns kam, um schließlich die beiden Granitarbeitsplatten in unser Haus zu tragen. Diesmal ging glücklicherweise alles gut. Auch war die Endmontage der Granitarbeitsplatten in der Küche ruhiger und organisierter, weil einer der Monteure offensichtlich sehr erfahren in Bezug auf die Montage dieser schweren Arbeitsplatten war. Auch als eine der Arbeitsplatten nicht gleich hundertprozentig auflag, wusste er sofort, wie er das Problem lösen konnte. Es fiel mir auch auf, dass sein Vorgesetzter, der uns bereits bekannte Kundendienstmitarbeiter, in diesem Augenblick überhaupt keine Lösungsvorschläge für das Problem hatte und stattdessen gleich wieder mit den anderen Monteuren verschwinden wollte. Der erfahrene Monteur hielt ihn jedoch davon ab, sodass diesmal alle bleiben mussten, bis die letzte Arbeitsplatte auch richtig passte. Die letzten Arbeitsschritte waren dann das Anbringen der Glasrückwände sowie das Verfugen. Alles lief an diesem Tag viel besser, weil beide Monteure sehr sorgfältig gearbeitet haben.

„Warum denn nicht gleich so?", frage ich mich auch heute noch. Und es nahm alles noch ein gutes Ende.

10. König Kunde wird zur Charge

Nun mussten wir nur noch den ausstehenden Restbetrag bezahlen. Da unsere beschädigte Türzarge an diesem Tag nicht repariert wurde, behielten wir einen entsprechenden Betrag ein. Aus diesem Grund musste der Monteur, der für die Abrechnung zuständig war, seinen Vorgesetzten im Küchenstudio anrufen, um zu fragen, ob unsere Vorgehensweise von seinem Vorgesetzten akzeptiert würde. Dabei hörte ich zufällig, wie dieser Vorgesetzte ihn folgendes fragte:

„Ist die Charge Altpeter nun bedient?"

Dem Monteur war es sehr unangenehm, dass ich dies mitbekam. Ich kann seinen Vorgesetzten beruhigen. Die „Charge Altpeter" ist so bedient von Ihrem Küchenstudio, dass sie dieses nicht mehr betreten wird.

Als ich noch studierte, habe ich mit Hilfe eines Jobs in der Lampenabteilung eines großen Kaufhauses ein wenig Geld verdient. Bei meiner Einstellung sagte der Abteilungsleiter folgendes zu mir:

„Ich erwarte von Ihnen, dass Sie unsere Kunden wie Könige behandeln."

Leider scheint diese gute Einstellung den Kunden gegenüber den Vorgesetzten des von uns aufgesuchten Küchenstudios gänzlich unbekannt. Es wird Zeit, dass auch die Geschäftsführer und andere Vorgesetzte endlich begreifen, dass sie ohne den ihnen lästig gewordenen Kunden kein Geld mehr einnehmen, was sich über kurz oder lang auch auf ihr eigenes Portemonnaie auswirken wird.

11. Die Geschäftsleitung bedankt sich

Nachdem mehr als ein Monat seit dem zweiten Termin der Endmontage vergangen war, erhielten wir Blumen und einen Brief der Geschäftsleitung.

Wie meine Schwester mir bestätigte, hat auch sie nach Ablauf eines Monats Blumen und dieses Schreiben erhalten.

Es handelt sich hierbei also um das Standardprogramm dieser Firma. Die Geschäftsführung hat sich nicht einmal die Mühe gemacht, sich bei uns wegen aller Unannehmlichkeiten zu entschuldigen. Stattdessen spielte man in dem Anschreiben die ganze Sache als „Beanstandungen, die man ja beseitigt habe", herunter und bedankte sich für unsere Geduld.

Angesichts der Tatsache, dass wir sogar einen Anwalt kontaktiert haben und ein Großteil unseres Eigentums durch Mitarbeiter dieser Firma beschädigt wurde, kann man wohl kaum nur von „Beanstandungen" sprechen. Dies zeigt einmal mehr, welchen schlechten Status der Kunde in dieser Firma hat. Zudem kann ich mich des Eindrucks nicht erwehren, dass die Herren der Geschäftsleitung unser Schreiben gar nicht persönlich gelesen haben. Man lässt wahrscheinlich die Mitarbeiter lesen und den lästigen Kontakt zum Kunden halten.

12. „To-do-Liste" für Kunden

Bevor man sich auf die Suche nach geeigneten Möbeln macht, sollte man Bekannte, Arbeitskollegen, Nachbarn und Verwandte fragen, mit welchem Geschäft diese zufrieden waren. Dies haben wir vorab zwar auch getan, aber uns auf die eine gute Erfahrung verlassen, die meine Schwester mit dieser Firma gemacht hat, ohne uns darüber Gedanken zu machen, dass andere Menschen vielleicht schlechtere Erfahrungen mit diesem Küchenstudio gemacht haben. Des Weiteren kann man im Internet mittlerweile die verschiedensten Bewertungen solcher Unternehmen lesen. Besonders interessant sind jene Kommentare, in denen über Schadensfälle und deren Behebung berichtet wird.

Versuchen Sie, sich unbedingt mehrere Angebote einzuholen. Mitunter bekommen Sie für weniger Geld mehr angeboten, wenn Sie vergleichen.

Überlegen Sie sich auch gut, ob Sie wirklich alle Arbeiten in die Hände einer Firma legen wollen. Dies scheint auf den ersten Blick eine gute Entscheidung zu sein, aber häufig bezahlen die großen Firmen die Subunternehmer schlecht. Das wirkt sich besonders auf die Qualität bei deren Arbeit aus. Darum sollte man sich gut überlegen, ob man wirklich alle Arbeiten in fremde Hände legen sollte oder sich eventuell zutraut, einige Arbeiten selbst zu erledigen. Gegebenenfalls sollte man schauen, ob man sich nicht ein anderes Unternehmen als das vom Anbieter vorgeschlagene für die anstehenden Arbeiten der Endmontage sucht. Dies kann gegebenenfalls zwar etwas teurer sein, aber eventuell lohnt es sich bezüglich des Endergebnisses doch. Wir haben dadurch, dass die Monteure des ersten Teams nicht die erfahrensten waren, einige Urlaubstage mehr nehmen müssen, als ursprünglich geplant. Im Endeffekt haben wir also nichts gespart.

Werden die Möbel geliefert, sollten Sie eine Kamera oder ein Smartphone bereitliegen haben, um eventuell auftretende Mängel zu dokumentieren. Wenn jemand aus dem Freundes-, Verwandten- oder Bekanntenkreis an dem Liefertag oder am Tag der Montage zur Verfügung steht, sollten Sie diese Person als möglichen Zeugen bei sich vor Ort haben. Dies ist dann von Bedeutung, wenn es doch einmal zu einer Gerichtsverhandlung kommen sollte und es strittig ist, ob die Möbel beim Transport beschädigt, ob sie sachgerecht montiert oder Elektrogeräte fachgerecht angeschlossen wurden.

13. Nachwort

> „Besonders allergisch reagiere ich, wenn einer meiner Mitarbeiter vom Kunden erwartet, dass dieser Verständnis für seine Probleme hat, statt dass er die Probleme des Kunden löst."

(Claus Wisser, deutscher Unternehmer)[7]

Mit der Fertigstellung unserer Küche waren insgesamt zwanzig Wochen und sechs Tage vergangen, seit wir den Kaufvertrag unterschrieben hatten. Bedenkt man, dass wir Zeit und Aufwand sparen wollten, als wir den Küchenanbieter mit der Lieferung und Endmontage beauftragt haben, dann kann man nur sagen, dass unser Plan kläglich gescheitert ist. In dieser langen Zeit hätten wir unsere Küche längst selbst aufgebaut. Dies stellt für das Unternehmen ein richtiges Armutszeugnis dar. Eigentlich sollte man meinen, dass die ganze Angelegenheit den Herren aus der Chefetage so peinlich sein müsste, dass sie sich wenigstens einmal bei uns als Kunden gemeldet oder gar entschuldigt hätten. Ich habe zumindest von meinen Eltern noch gelernt, dass die Höflichkeit es gebietet, sich zu entschuldigen, wenn man etwas falsch gemacht hat. Über die Kinderstube dieser Herren möchte ich gar nicht weiter nachdenken, denn Anstand ist ein Wort, das diese Herren nicht kennen. Anscheinend kennen sie nur marktwirtschaftliche Begriffe, wie beispielsweise Gewinn, Umsatz und ähnliche andere Fachbegriffe. Dabei vergessen sie jedoch, dass es sich in der Regel ganz schnell herumspricht, wenn man Kunden nur so lange höflich behandelt, bis sie den Kaufvertrag unterschrieben haben. In der heutigen Zeit gibt es nicht mehr nur die Verbreitung von Informationen

---

7   Zitiert nach: Andreas Buhr: Die Umsatzmaschine: wie Sie mit Vertriebsintelligenz Umsätze steigern, GABAL Verlag GmbH, Offenbach, S. 69.

oder Empfehlungen durch mündliche Weitergabe, also im persönlichen Gespräch „von Mund zu Mund" sozusagen, sondern auch die Möglichkeit, Bewertungen über entsprechende Internetforen abzugeben. Diese sorgen dafür, dass Informationen, positive wie auch negative, sich sehr schnell verbreiten.

Hinsichtlich der oben zitierten Aussage von Claus Wisser kann ich leider nur konstatieren, dass unser Küchenanbieter sich nicht ein einziges Mal die Mühe gemacht hat, Probleme, die durch Fehler seiner Mitarbeiter entstanden sind, in einem kundenfreundlichen Sinne zu beheben, geschweige denn auch nur annähernd auf uns als Kunden zuzugehen und Termine für die Nacherfüllungsarbeiten anzubieten, die für uns leicht organisierbar gewesen wären. Das Gegenteil war leider nur zu oft der Fall. So wurden wir häufig erst sehr kurzfristig über Änderungen in der Terminplanung informiert (s. dazu auch S. 24). So wurde auch der zweite Versuch der Endmontage nicht mit Lieferung der neuen Möbel erledigt, sondern man genehmigte sich seitens des Küchenstudios noch ein paar Tage Zeit, um die lästige Angelegenheit zu erledigen. Getreu dem Motto: Diese Mangelbehebung passt im Moment überhaupt nicht in unsere Terminplanung. Soll der Kunde küchentechnisch doch ruhig noch ein paar Tage weiter improvisieren. Hier kommt ein Manko unserer Rechtsprechung zum Tragen. Leider lässt der Begriff *der angemessenen Fristsetzung* dem Verkäufer genügend Spielraum für solche Spielereien. Es ist nur zu dumm, wenn der Kunde die entsprechenden Mitarbeiter anruft und dann von diesen erfährt, dass die Möbel für die Mangelbehebung längst geliefert wurden. So haben wir es tatsächlich gemacht. Wir haben einfach einmal angerufen, zwar nicht bei der Sachbearbeiterin, sondern in der Zentrale nachgefragt, wer für die Anlieferung der Küchenmöbel zuständig ist und dann mit diesem Mitarbeiter gesprochen. Wie man aus diesen Ausführungen sieht, hatte unser Küchenanbieter kein großes Interesse an uns als Kunden und erst recht kein Verständnis für die durch ihn verursachte Situation seiner Kunden.

Mir ging es in diesem Erfahrungsbericht nicht darum, mich an der entsprechenden Firma zu rächen. Aus diesem Grund habe ich auch den Firmennamen nicht genannt. Ich bin überzeugt davon, dass es viel wichtiger ist, zu wissen, welche Rechte man als Kunde hat und, ob man sich wirklich alles hinnehmen muss oder nicht. Wie Sie aus diesem Bericht unschwer erkennen können, braucht man als Verbraucher mitunter einen sehr langen Atem, um sein Recht geltend zu machen. Es lohnt sich jedoch, sich zur Wehr zu setzen und sein gutes Recht in Anspruch zu nehmen.

Ich wollte unsere Erfahrungen an Sie weitergeben, liebe Leserin, lieber Leser, damit Sie nicht in dieselben Fallen laufen, in die wir damals gelaufen sind.

Abschließend möchte ich nicht versäumen zu erwähnen, dass es auch Firmen und Händler gibt, die sich gut um die Anliegen ihrer Kundschaft kümmern und somit einen sehr guten Kundenservice bieten. Sie sind rar gesät, aber es gibt sie noch. Es ist leider oft schwierig, diese zu finden.